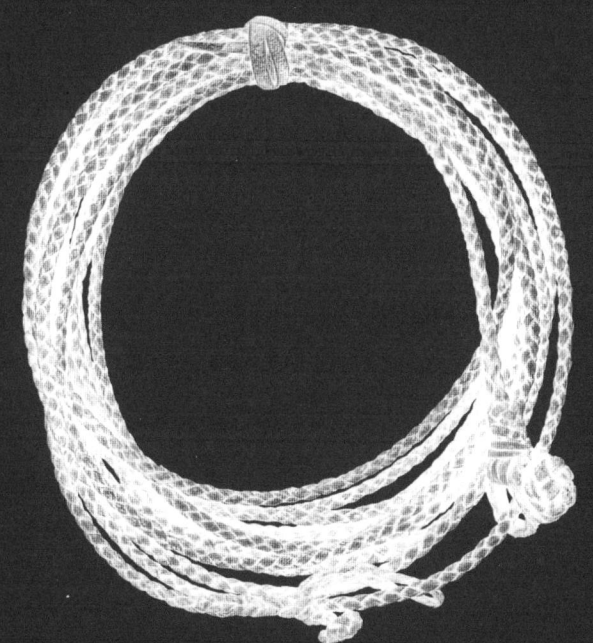

GAUCHS

Textes & photos / Texts & photos
Georges Lenzi

Version anglaise / English version
Dominique Blair

Illustrations / Drawings
Hélène Préveraud

Mise en page & illustrations / Layout & drawings
Marcello Pettineo

SilvanaEditoriale

« Etre Gaucho fut un destin »
Jorge Luis Borges

«Being Gaucho was a destiny»
Jorge Luis Borges

Ce ceinturon posé sur une peau de capybara comprend une magnifique *rastra* en argent et or où figurent les diverses marques de ferrage de la famille ainsi que l'écusson de la province de Corrientes avec ses 7 courants.
This belt placed on a capybara skin includes a magnificent silver and gold *rastra* bearing the various branding marks of the family as well as the coat of arms of the province of Corrientes showing the 7 currents.

Le 3 avril de l'an 1588, Juan Torres de Vera y Aragón établissait les fondations d'une ville nouvelle sur la rive gauche d'une vaste boucle du Rio Paraná où sept saillants rocheux viennent perturber le courant du fleuve. Associant son patronyme à ce particularisme fluvial, il la nomme *Ciudad San Juan de Vera de las Siete Corrientes*, future Corrientes.

Le pragmatisme colonial ayant déjà pris le pas sur le mirage de l'eldorado, cette expédition destinée à « ouvrir des portes à la terre » comprend quelque 3 000 têtes de bovins et 1 500 chevaux menés par Hernando Arias de Saavedra et ses compagnons. Dès lors, ce ne seront plus d'avides *conquistadores* fraîchement débarqués de Castille ou d'Estrémadure qui les rejoindront mais des *mancebos de la tierra*, simples créoles, indigènes guaranis ou métis, bien déterminés à faire fructifier cette terre d'Amérique dont ils sont natifs.

Ce livre est un hommage à ces pionniers d'une pérenne tradition argentine et aux gauchos *correntinos*, humbles héritiers d'une remarquable épopée humaine.

On April 3, 1558, Juan Torres de Vera y Aragón laid the foundations of a new settlement on the left bank of a wide bend of the Rio Paraná where seven rocky outcrops divert the current flow. Lending his patronym to this singular location, he christened it *Ciudad San Juan de Vera de las Siete Corrientes*, later to be known simply as Corrientes.

Colonial pragmatism having got the upper hand over the Eldorado myth, this expedition, bound to "open doors to the inland", included some 3,000 heads of cattle and 1,500 horses driven by Hernando Arias de Saavedra and his companions. From then on, it was no longer the greedy *conquistadores* fresh from Castile or Estremadura who would join them but *mancebos de la tierra*, simple creoles, aboriginal Guaranis or mestizos, all well determined to fecund their native American land.

This book is a tribute to these forerunners of a long-standing Argentine tradition and to the *Correntino* gauchos, humble heirs to a remarkable human epic.

EL GAUCHO ARGENTINO

Figure emblématique de la pampa et de la steppe patagonne, le gaucho argentin instille un supplément d'âme à ces espaces sans fin. A l'instar des rudes contrées de solitude qui l'ont façonné, le gaucho fascine depuis toujours les citadins en mal d'échappées sauvages. Pareil en cela au *huaso* de la Patagonie chilienne, au *morochuco* de l'Altiplano péruvien, au *chagra* du Páramo équatorien, au *llanero* de la grande savane herbeuse qui s'étend à travers Colombie et Venezuela ou bien encore au *vaqueiro* du Sertao brésilien, le gaucho argentin mène avec humble fierté une vie certes austère mais fidèle à de séculaires traditions. Indépendamment de leur appellation vernaculaire, tous ces *cowboys* d'Amérique latine partagent une intime relation avec la terre ancestrale et le cheval, inhérente à la culture primordiale de ces légendaires centaures. Pionnier hors-la-loi transmué en parangon national par un complexe processus socioculturel, le gaucho figure en bonne place au panthéon symbolique argentin. A la fois héros et martyr, ce personnage mythique participe d'un autre mythe fondateur du pays au « fleuve d'argent », celui d'un eldorado à conquérir qui fascina les conquistadors ibères comme les migrants de l'Ancien Monde, trois siècles plus tard. La genèse du gaucho coïncide, en effet, avec l'arrivée des premiers Européens sur le continent américain et demeure étroitement liée à l'histoire et l'économie de l'Argentine.

En ce début de février 1536, c'est « pour prendre l'or et non pas labourer la terre » que Pedro de Mendoza débarque au Rio de la Plata, tragiquement abordé 20 ans auparavant par son compatriote Juan Diaz de Solis. En lieu et place d'exotiques cités à spolier, seule une morne prairie s'offre à perte de vue aux aventuriers dépités dont le précaire *asentamiento de Santa Maria del Buen Ayre*, sur la rive australe du fleuve, ne résiste guère à l'hostilité des tribus indigènes. En juin 1580, Juan de Garay, venu depuis Asunción avec hommes et bétail pour établir un accès essentiel à la métropole via l'Atlantique Sud, pérennise ce faisant le site et la destinée de l'actuelle capitale argentine. Confrontée à la vaste pampa exempte de la moindre barrière, la petite colonie s'avère impuissante à contrôler la propagation exponentielle des animaux venus depuis l'autre hémisphère à bord des caraques et galions lancés à la conquête du Nouveau Monde. Bovins féraux et chevaux cimarrons investissent plus rapidement que les hommes les herbages vierges bordant les fleuves Paraná et Uruguay, entrainant dans leur sillage des bandes fortuites de nomades, véritables « maraudeurs des pampas ». L'agilité à cheval comme la dextérité au lasso et aux *boleadoras* de ces *changadores* ou *gauderios* et la profusion de bétail sauvage procurent ample subsistance à ces gauchos originels, coutumiers d'expéditives *vaquerias* durant lesquelles sont sacrifiées des centaines de bêtes.

Le protectionnisme exercé alors par la royauté d'Espagne sur ses possessions coloniales impose un long transit des échanges bilatéraux par le *Camino Real*, via le Pérou et le Panama puis la mer des Caraïbes, au détriment économique de l'estuaire du Rio de la Plata.

Une situation propice à contrebande dont profitent voisins brésiliens et vaisseaux étrangers venus par le raccourci atlantique troquer leur pacotille avec le cuir et le suif ou des plumes de nandous destinées aux coiffes nobiliaires. Principaux pourvoyeurs de ce commerce clandestin, les gauchos en héritent une solide réputation délictueuse d'autant que ces « fils du vent » sont le plus souvent des *mestizos*, voire des déserteurs ou rebelles à la société, avec leurs propres codes et usages. Côtoyant les aborigènes dont ils partagent l'errance et la maîtrise de l'environnement, ces défricheurs de la *Tierra de nadie*, cavaliers endurants et fiers de la rusticité même de leur existence, le coutelas toujours prêt à défendre un honneur pointilleux, mettront près de trois siècles à sortir d'une marginalité sujette à condescendance.

La résistance face à l'envahisseur anglais puis la lutte d'indépendance envers la couronne espagnole en période napoléonienne, comme les multiples guerres civiles ou frontalières qui s'ensuivent au cours du 19e siècle, vont définitivement inscrire le gaucho dans l'aventure nationale et lui délivrer ses lettres de noblesse. Comblant la faiblesse d'effectif militaire, ces cavaliers émérites s'enrôlent avec une ardeur patriotique auprès du général José de San Martin ou dans les milices aux côtés de chefs charismatiques et autres *caudillos* issus de leurs rangs. Combattant anonyme, qu'il soit *baqueano* (éclaireur), *chasque* (estafette), *rastreador* (traqueur), *domador* (débourreur de chevaux) voire franc-tireur, le gaucho contribue ainsi à forger sa propre légende et le destin national dans un contexte spatio-temporel en pleine évolution. Inspiré par Domingo Sarmiento, prônant dans son ouvrage *Facundo* un nécessaire élan modernisateur afin d'affranchir l'Argentine du « long silence de la pampa », le pouvoir républicain va ainsi s'employer à repousser toujours plus au sud la frontière idéologique entre « Civilisation et Barbarie ». Embrigadés, les gauchos participent aux radicales campagnes militaires menées à l'encontre des populations amérindiennes. C'est à leurs propres dépens également que cette « Conquête du désert » livre aux mains d'avides latifundistes des milliers d'hectares incultes promptement dédiés à l'élevage du bétail, bovins dans les plaines pampéennes ou ovins dans l'aride steppe australe. La mainmise progressive des *estancieros* sur cet espace de démesure y instaure les prémices d'une inéluctable sédentarisation. Le temps du nomadisme subversif pour les gauchos s'achève à leur insu, délicate sera leur adaptation à la nouvelle société, fervente d'ordre social, qu'ils ont chèrement contribué à établir.

Les progrès technologiques survenant au terme du 19e siècle engendrent une période de forte prospérité qui perdure jusqu'à la Première Guerre Mondiale. L'apparition des clôtures en fil de fer et de la congélation, la motorisation des moyens de production ainsi que l'évolution des transports maritimes et ferroviaires provoquent une brutale rupture de l'équilibre économique, social et démographique. L'extension territoriale de l'élevage, de pair avec celle novatrice de l'agriculture céréalière, génère une formidable croissance exportatrice qui propulse l'Argentine au cœur de l'économie mondiale. Sollicités par le gouvernement pour pallier la pénurie de main d'œuvre, les immigrants débarquent en masse depuis l'Europe. Marginalisés politiquement et socialement, les gauchos pâtissent de ce considérable afflux étranger comme du bouleversement d'un monde rural où la prospérité demeure mal partagée. Cette mutation de société n'affecte pas seulement le quotidien des gauchos convertis en *reseros*, simples meneurs de troupeaux chichement rémunérés, mais aussi celui des classes dirigeantes craignant que leur *argentinidad* ne soit sérieusement altérée par le flot migratoire dont une bonne part échoue dans la capitale fédérale. Le gaucho, ce sang-mêlé, pris au meilleur sens du

Estancia San Justo del Yaguari

terme, entre conquistador et indien de la pampa, défenseur désintéressé de la patrie et humble acteur de son essor économique, apparaît alors comme le garant consensuel d'une tradition historique à même de légitimer les aspirations nationalistes. Déterminés auparavant à reléguer l'encombrant personnage historique par-delà l'horizon des plaines à bétail, les oligarques se prévalent opportunément de sa réhabilitation. Participant du courant romantique en faveur, écrivains et poètes s'emparent avec nostalgie du mythe gaucho, occultant les frasques des origines pour mieux exalter l'univers passionnel du héros solitaire et généreux en symbole identitaire. Dans la lignée du *Martin Fierro* de José Hernandez et du *Don Segundo Sombra* de Ricardo Güiraldes, leurs œuvres littéraires revisitent les archétypes sociétaux, cette perpétuelle dualité entre *campo* et *ciudad*, l'intégrité et l'attachement aux valeurs terriennes par opposition au cosmopolitisme et au mercantilisme urbains. Durant la première moitié du 20ᵉ siècle, cercles et médias, tout acquis à la tradition gauchesque, contribuent également à sa consécration dans l'imaginaire national en entretenant une gaucho mania à laquelle les Argentins, toutes ascendances confondues, adhèrent encore volontiers.

Les gauchos contemporains n'ont certes plus guère en commun avec leurs lointains prédécesseurs, parias ou guérilleros, si ce n'est l'abnégation face à des conditions de vie toujours spartiates comme prix incontournable de leur relative liberté. Cependant, des changements insidieux dans leur environnement naturel compromettent de plus en plus leur faculté de résilience. De discutables critères de rentabilité préconisent, entre autres, la pratique de stabulation intensive au détriment du pacage forain traditionnel. Dans l'immensité de la pampa, soja et céréales remplacent inexorablement le bétail et son affouragement naturel. Autrefois premier pourvoyeur de viande biologique, le pays est désormais captif de ses fournisseurs en semences transgéniques et produits phytosanitaires. Dans les estancias patagonnes, affectées par la faiblesse du cours de la laine et le manque de main d'œuvre, les temps sont à l'austérité et la « Terre de personne » mérite toujours aussi bien son nom. Victimes collatérales de ces diktats économiques mais héritiers d'une remarquable épopée historique et humaine, les derniers gauchos argentins continuent d'incarner les frustrations et les aspirations de tout un peuple.

THE ARGENTINE GAUCHO

Iconic figure of the Argentinian pampa and the Patagonian steppe, the gaucho has instilled his soul into these seemingly endless expanses. Like the harsh and lonely land that shaped him, the gaucho has always fascinated city dwellers in search of wild breakaways. Much as the Chilean *huaso*, the *morochuco* of the Peruvian Altiplano, the *chagra* of the Ecuadorian Páramo and the *llanero* of the great savannah stretching through Colombia and Venezuela – or yet again the *vaqueiro* of the Brazilian Sertão – the Argentinian gaucho leads with humble proudness a life that is austere indeed but respectful to secular traditions. Regardless of their vernacular names, all these Latin-American *cowboys* share with their ancestral land and their horses an intimate relationship inherent to the fundamental culture of these legendary centaurs. Outlaw pioneer transmuted to national paragon by a complex sociocultural process, the gaucho now ranks high in the Argentine symbolic pantheon. Both hero and martyr, this mythical character is part of another founding myth of the country of the "Silver river", that of an Eldorado to be conquered which fascinated the Iberian conquistadores and the migrants from the Old World three centuries later. The genesis of the gaucho coincides, in fact, with the arrival of the first Europeans on the American continent and remains closely linked to the history and economy of Argentina.

At the onset of February 1536, it was with the aim "to gather gold and not till the soil" that Pedro de Mendoza landed on the Rio de la Plata, this large estuary his compatriot Juan Diaz de Solis had reached with such tragic result 20 years earlier. Instead of exotic cities to loot Mendoza and his forlorn men discovered a dismal prairie as far as the eye could see. They founded a precarious settlement on the southern bank of the river, *the asentamiento de Santa Maria del Buen Ayre*, which could hardly hold its own against the hostile indigenous tribes. In June 1580, Juan de Garay came from Asuncion with men and livestock to establish a vital access route to Europe via the South Atlantic; in doing so, Juan de Garay sustained the settlement site and destiny of the actual federal capital of Argentina. Confronted with the pampa vastness free of the slightness fence, the small colony was unable to control the exponential reproduction of animals brought from the other hemisphere aboard carracks and galleons sent out to conquer the New World. Stray cattle and horses overran faster than men the pristine grasslands bordering the Paraná and Uruguay waterways, bringing about a fortuitous band of vagrants, true "prowlers of the pampas". The *changadores* or *gauderios'* horsemanship and dexterity with a lasso or *boleadoras*, along with the profusion of wild cattle, provided ample subsistence for these original gauchos accustomed to expeditious *vaquerias* during which hundreds of animals were slaughtered.

At that time, the Kingdom of Spain protectionism over its colonial possessions imposed on bilateral exchanges a long transit which went by the *Camino Real*, via Peru and Panama over to the Caribbean Sea, at the Rio de la Plata economical detriment. A conducive situation for smuggling that benefited the Brazilian neighbors and foreign vessels that took the Atlantic shortcut to exchange their cheap cargo for hides, tallow or rhea feathers used for the nobility headdresses. As main purveyors of this clandestine trade, the gauchos gained a durable outcast reputation, especially since these "sons of the wind" were primarily mestizos, even army runaways or rebels of society, with their own laws and customs. Rubbing shoulders with the aborigines with whom they shared the roaming and mastering of the environment, these trailblazers of the *Tierra de nadie*, were enduring riders proud of their rough way of life, the cutlass always ready to defend a touchy sense of honor; it will take them more than two centuries to free themselves from a condescending marginality.

The resistance in the face of the English aggression followed by the struggle for independence against the Spanish crown during the Napoleonic period, as well as the numerous civil and border wars throughout the 19th century would etch the gaucho in the national history and give him a well-deserved respectability. Making up for the weak military forces, these skilled horsemen enlisted with patriotic fervor with the general José de San Martin or amongst the militias with their charismatic leaders and *caudillos* from within their ranks.

Anonymous fighter, whether *baqueano* (scout), *chasque* (messenger), *rastreador* (tracker), *domador* (horse breaker) or an irregular, the gaucho contributed to the making of his own legend and the fate of the nation in a rapidly evolving spatiotemporal context. Inspired by Domingo Sarmiento, advocating in the book *Facundo* a necessary modernizing impulse to free Argentina from the 'long silence of the pampa", the Republican power would push back further south the ideological boundary between "Civilization and Barbarism". Dragooned, the gauchos took part in the radical military campaigns against Amerindian populations. It was also at the gauchos' expenses, however, that this "Conquest of the desert" handed over to greedy landowners thousands of virgin hectares soon converted to extensive ranching – cattle in the pampa or sheep in the arid southern steppe. The gradual stranglehold of the *estancieros* in this immense territory brought about the inevitable necessity of sedentarism. The time of subversive wanderings was unwittingly over for the gauchos and their adaptation would prove difficult to the new society, fervent to social order, which they had paid a high price to establish.

Technological advances at the end of the 19th century lead to a period of large-scale prosperity that would last until the First World War. The coming of wire fencing and deep-freezing, the automation of production along with the improvement of maritime and railroad transportation, caused a brutal break-up of the economic, social and demographic equilibrium. The territorial extension of livestock raising adding to the innovative practice of grain agriculture generated a tremendous export growth which propelled Argentine to center stage in the world economy. Solicited by the government to alleviate the shortage of work force, the immigrants disembarked *en masse* from Europe. Marginalized politically and socially, the gauchos suffered from this considerable foreign influx as well from the upheaval of a rural world in which prosperity remained poorly shared. These changes in society did not only affect the daily life of the gauchos reduced to *reseros*, simple and badly paid cowhands, but also that of the ruling classes fearing that their "Argentinity" would be seriously impaired by the flow of migrants, a great percentage of them ending up in the nation capital and cities. The mixed-blood gaucho taken – in the positive sense of the word – between Conquistador and Indian of the pampa, selfless defender of the country and humble actor of its economic growth, appeared now as the consensual guarantor of an historic tradition that could legitimize nationalistic yearnings. Determined in the past to relegate the legitimate but troublesome gaucho to somewhere beyond the pampa horizon, the oligarchs now boasted about rehabilitating him. Participant of the romantic trend then in vogue, writers and poets seized with nostalgia the gaucho myth, concealing his reckless origins to better emphasize the passionate life of the lone and generous hero into a symbol of Argentine identity. In the wake of José Hernandez's *Martin Fierro* and Ricardo Güiraldes' *Don Segundo Sombra*, their literary works took a fresh look at societal archetypes, the perpetual duality between *Campo* and *Ciudad*, integrity and values of the field as opposed to urban cosmopolitanism and mercantilism. During the first half of the 20th century, clubs and the media, won over with the gaucho tradition, contributed as well to his consecration in the national imagination by encouraging a "gaucho mania", to which the Argentines, regardless of their origins, still subscribe to wholeheartedly.

Contemporary gauchos certainly have little in common with their distant forerunners – whether pariahs or guerillas – except perhaps for self-denial in the face of continuing spartan life conditions as the inevitable price of their relative freedom. Nevertheless, insidious changes in their natural environment are increasingly compromising their resilience. Debatable criteria of profitability recommend, among other things, the practice of intensive stalling to the detriment of traditional free ranging. In the perennial prairies soybeans and cereals inexorably replace livestock and their natural foddering. Once one of the world's most important purveyors of organic meat, the country is now captive to its own suppliers of transgenic seeds and phytosanitary products. In the Patagonian estancias, affected by the falling price of wool and the scarcity of manpower, it's a time for austerity and the "No man's land" still live up to its name. Collateral victims of such economical diktats but heirs to a remarkable historic and human epic, the last gauchos of Argentina continue to incarnate both the frustrations and aspirations of a whole nation.

Estancia San Jose

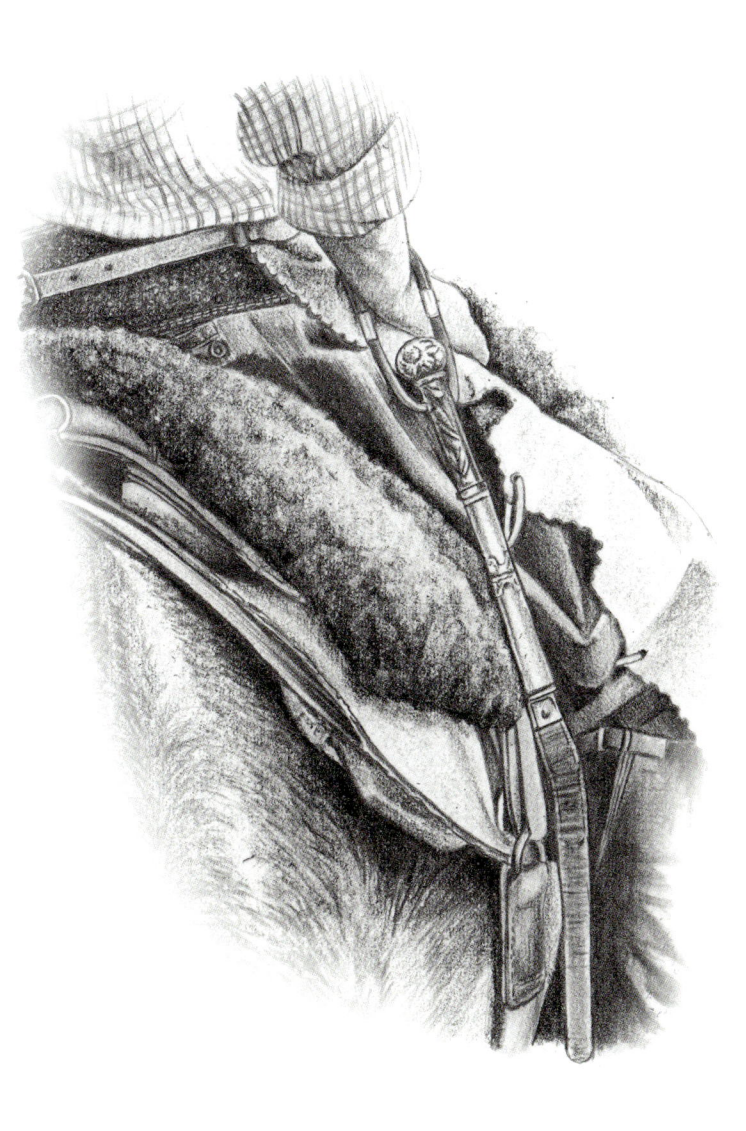

Estancia Santa Rosa

Estancia Rincón de Fatima

El sombrero gaucho

La coiffe caractéristique du gaucho *correntino* est le *sombrero de paño*, chapeau de feutre à bords rabattus bien adapté au climat de la région, chaud et peu venté. Il est parfois localement remplacé par le *sombrero de paja*, chapeau de paille plus léger et mieux ventilé, assurément plus confortable au plus fort de l'été subtropical lorsque le mercure frise les 40°C. Les hivers de la province de Corrientes ne sont jamais très froids mais suffisamment frais toutefois pour que certains gauchos remplacent le sombrero par la *boina*, ce typique et chaud béret de laine que les bergers basques ont apporté avec eux en Argentine. Il constitue le couvre-chef traditionnel des bergers de Patagonie car il tient bien en place et résiste parfaitement aux effets du *pampero* soufflant avec force depuis la cordillère andine. Quant au *sombrero de ala larga*, à larges bords plats, il est plutôt réservé aux grandes occasions telles que foires, rodéos et autres manifestations folkloriques où il est bien vu de revêtir ses meilleurs atours.

Sombrero de paño

Sombrero de paja

Sombrero de ala larga

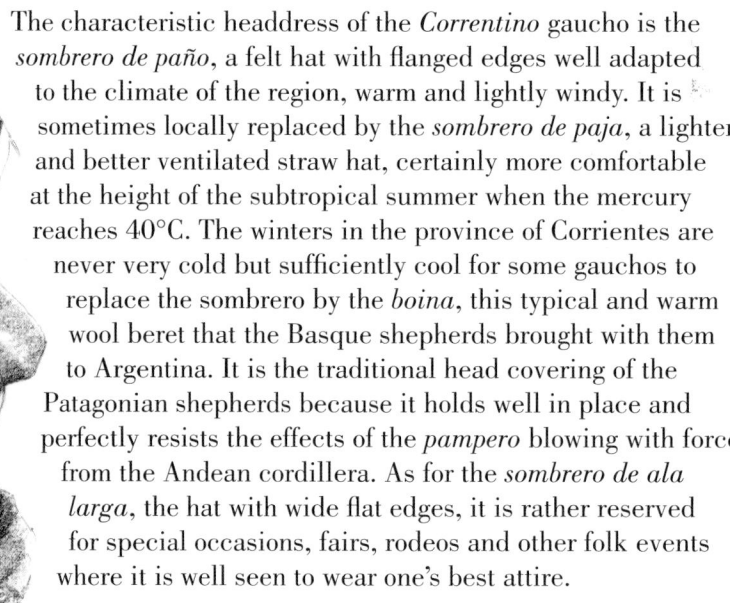

Boina

The characteristic headdress of the *Correntino* gaucho is the *sombrero de paño*, a felt hat with flanged edges well adapted to the climate of the region, warm and lightly windy. It is sometimes locally replaced by the *sombrero de paja*, a lighter and better ventilated straw hat, certainly more comfortable at the height of the subtropical summer when the mercury reaches 40°C. The winters in the province of Corrientes are never very cold but sufficiently cool for some gauchos to replace the sombrero by the *boina*, this typical and warm wool beret that the Basque shepherds brought with them to Argentina. It is the traditional head covering of the Patagonian shepherds because it holds well in place and perfectly resists the effects of the *pampero* blowing with force from the Andean cordillera. As for the *sombrero de ala larga*, the hat with wide flat edges, it is rather reserved for special occasions, fairs, rodeos and other folk events where it is well seen to wear one's best attire.

GAUCHOS DE CORRIENTES Entre terre et eaux

Située aux confins nord-est de l'Argentine, la province de Corrientes a pour capitale la ville éponyme, tout entière lovée dans une boucle du Rio Paraná. Le *guarani*, sa seconde langue officielle, témoigne du remarquable héritage humain de cette province septentrionale qui s'étale en un schéma « mésopotamien » entre le fleuve Paraná, sa frontière naturelle avec le Paraguay, et le fleuve Uruguay qui la délimite à la fois du Brésil et de l'Uruguay. Peuplée d'un million de *Correntinos* et vaste de 8 800 000 hectares, la région à forte vocation agricole consacre les deux tiers de sa superficie à l'élevage. Son cheptel de cinq millions de bovins la place ainsi au troisième rang national tout en assurant 80% de son revenu agricole. Il est essentiellement d'origine Braford (croisement entre races Brahma et Hereford) ou d'origine Brangus (croisement entre races Brahma et Angus), deux races bien adaptées à la nature des sols et au climat subtropical humide de la province. En dépit d'une tendance croissante « d'agriculturisation » qui incite les propriétaires à convertir leurs meilleures terres à la production céréalière, l'élevage traditionnel sur herbages naturels reste encore de mise. Une grande partie de la production bovine de la province étant réservée à l'élevage du bétail jusqu'au sevrage, à la suite duquel il partira à l'embouche vers le sud et les fécondes estancias de la pampa.

Avec sa pluviométrie significative, ses multiples affluents alimentant les deux grands fleuves qui l'enserrent, ses innombrables lagunes de toutes tailles et surtout sa vaste étendue palustre de l'Ibera, la région apparaît soumise naturellement à l'emprise des eaux. Un écosystème particulier qui conditionne à la fois la conduite des travaux champêtres comme l'équipement du *gaucho correntino*. Celui-ci n'a pas son pareil, en effet, pour s'orienter ou se frayer une voie en ces terres détrempées aux contours incertains. Coiffé d'un *sombrero* à large bord, c'est aux cris stridents du *sapucay* qu'il mène à coup sûr son troupeau de génisses ou bien sa manade de criollos à travers les *bañados*, ces prairies inondées et traîtresses pour qui n'en connaît point tous les secrets. Il n'hésitera pas un instant à pousser son cheval à plein corps dans le profond glauque d'un chenal, à la rescousse de l'animal égaré au cœur du marais qu'une dense végétation aquatique dérobe à la vue.

Ce centaure amphibie n'a que faire de bottes en cuir, c'est chaussé de simples espadrilles voire pieds nus et le pantalon couvert de jambières ou guêtres en toile de coton rayée, qu'il chevauche son *pingo* entre terre et eaux.

CORRIENTES GAUCHOS
Between Land and Waters

Situated in the north-eastern corner of Argentine, the Province of Corrientes shares its name with the capital city, which is entirely included within a wide loop of the Rio Paraná. Guarani, its second official language, testify of the outstanding human heritage of this northern province that, like ancient Mesopotamia, stretches between two rivers, the Rio Paraná, its border with Paraguay and the Rio Uruguay, which separates it from both Brazil and Uruguay. With a population of one million *Correntinos* and an area of 8,800,000 hectares, the region is largely agricultural, with two-thirds of its territory devoted to livestock farming. Its five million heads of cattle place it third in the country's ranking and provide 80% of its agricultural income. The cattle are mostly Braford (a cross between the Brahma and Hereford breeds) and Brangus (a cross between Brahma and Angus), two breeds well adapted to the province geology and humid, subtropical climate. Despite an increasing tendency towards "agriculturisation", which encourages landowners to convert their best lands to cereal production, traditional grass-fed cattle ranching is still being practiced. A large part of the province beef production is reserved for livestock until weaning, after which they are sent to be fattened up in the southern and fertile estancias of the pampas.

With its heavy rainfall, its multiple tributaries feeding the two big rivers surrounding it, its countless lagoons of all sizes and, most of all, the vast expanse of the Iberá marshland, the region appears naturally subject to the influence of water. A distinctive ecosystem that conditions both the rural work and the equipment of the *Correntino* gaucho. Indeed, he has no equal in finding his bearings or to clear a way in these water-soaked lands of uncertain contours. Wearing a wide-brimmed *sombrero*, and to the shrill cries of the *sapucay*, he leads his herd of heifers or *criollos* horses through the *bañados*, the flooded meadows, dangerous for those who don't know their secrets. He will not hesitate a moment to urge his horse on through the murky waters of a channel to rescue an animal lost in the heart of the marsh well hidden from view by a dense aquatic vegetation. This amphibious centaur doesn't need leather boots. He wears simple espadrilles or even goes barefoot, with striped cotton leggings or gaiters, as he rides his *pingo* between land and waters.

L'habillement particulier des gauchos *correntinos* résulte à la fois des conditions climatiques subtropicales et de l'important écosystème palustre de cette région du nord-est argentin. Il se caractérise par des espadrilles en lieu et place de bottes de cuir ainsi que par de typiques *polainas*, jambières et guêtres en toile rayée. Le *tirador* est un court tablier en cuir ajusté à la taille permettant d'assurer la prise du lasso sans risque de blesser le haut des cuisses.

The particular clothing of the *Correntino* gauchos results from both the subtropical climate and the significant marshy ecosystem of this northeastern region of Argentina. It is characterized by *espadrilles* instead of leather boots and typical striped canvas leggings and gaiters. The *tirador* is a short leather apron adjusted to the waist to ensure the grip of the lasso without risking injury to the upper thighs.

Los Bañados

La traversée des *bañados*, ou prairies inondées, est une circonstance à laquelle les gauchos *correntinos* sont fréquemment confrontés. Cela requiert un véritable savoir-faire de même qu'une connaissance intime de l'écosystème particulier à la province. Cette opération peut être rendue encore plus délicate par la présence de jeunes veaux, effrayés à l'idée de se jeter à l'eau, qui perturbent alors l'avancée du troupeau.

The crossing of the *bañados*, or flooded meadows, is a situation with which *Correntino* gauchos are frequently confronted. This requires real expertise as well as an intimate knowledge of the ecosystem specific to the province. This operation can be complicated by the presence of young calves, afraid to jump into the water, which affects the herd's progression.

Estancia Las Ortigas – Traversée des *bañados* – Crossing the *bañados*

El arreo de la hacienda

La conduite du troupeau exige de longues journées passées en selle et cette tâche justifierait, à elle seule, la raison d'être du gaucho. Lorsqu'il est pratiqué, le libre pacage nécessite en effet de constants déplacements du bétail entre les divers pâturages de l'estancia. Quel que soit le temps, dans la poussière suffocante ou sous une pluie battante, le troupeau devra être ramené au corral afin d'appliquer les traitements phytosanitaires, curatifs et préventifs, ou encore pour procéder aux travaux saisonniers tel le sevrage, le marquage ou la castration. C'est aux cris répétés du *sapucay* ancestral que les gauchos *correntinos* mènent leur bétail. Il leur faut rassembler les animaux disséminés dans les pâtures *(juntar la tropa)* puis les mener à travers champs et prairies inondées. L'enfermement au corral *(el encierro)* puis la séparation des bêtes *(el aparte)* sont des opérations délicates qui requièrent toute l'attention et la coordination des gauchos avec leur monture. La capture d'un cheval au lasso exige également beaucoup de dextérité car le bon *pialador* doit entraver les jambes avant de l'animal pour assurer sa chute.

Avec le remplacement progressif du libre pacage par la stabulation intensive, le gaucho laisse place au *peon*, simple employé de ferme. Par sa forte proportion de lagunes et de terres inondées, le biotope de la province de Corrientes est peu adapté aux exigences de la stabulation en matière de terres cultivables aussi le libre pacage reste-t-il ici la méthode d'élevage idéale. L'environnement naturel est ainsi garant de la survie du meneur de troupeau.

The driving of the herd requires long days in the saddle and that task alone would justify the gaucho's raison d'être. When it is carried out, free-range grazing requires constant movement of livestock between the various pastures in the estancia. Regardless of weather, in choking dust or pouring rain, the herd must be brought back to the corral to apply phytosanitary, curative and preventive treatments, or to carry out seasonal work such as weaning, marking or castrating. It is to the repeated shouts of the ancestral *sapukay* that the *Correntino* gauchos lead their cattle. They must gather the animals scattered in the pastures *(juntar la tropa)* then lead them through fields and flooded meadows. The enclosing in the corral *(el encierro)* then the sorting of the animals *(el aparte)* are delicate operations which require the attention and the coordination of the gauchos with their mount. The capture of a fleeing horse with a lasso also requires a lot of dexterity because the skilled *pialador* must fetter the front legs of the animal to ensure its fall.

With the gradual replacement of free grazing by stalling in feed lots, the gaucho gives way to the *peon*, a simple farm hand. Due to its high proportion of lagoons and flooded land, the biotope of the province of Corrientes is badly adapted to stalling and its requirements of arable land, so free grazing remains the ideal breeding method here. The natural environment thus guarantees the survival of the herd drover.

Estancia Altamira

Estancia Virgen de Itati – *juntar la tropa*

Estancia San Carlos – *El encierro*

Estancia Santa Maria – *El aparte*

Estancia Santa Quila

Animal amphibie, le buffle est en nette expansion dans cette région riche en zones humides. Amphibious animal, the buffalo is expanding rapidly in this region rich in wetlands.

La yerra

La période durant laquelle les jeunes bêtes acquièrent la marque de l'estancia est synonyme d'intense activité pour les gauchos. Conduites depuis leurs pacages parfois fort éloignés, les bêtes sont rassemblées dans le corral en attente de traitement. Maîtriser puis plaquer au sol un bouvillon ou une génisse pouvant peser plus de 200 kg nécessite un travail d'équipe. Il faut d'abord immobiliser l'animal à l'aide du lasso avant de l'empoigner à plusieurs pour le déséquilibrer. Renverser au sol ensuite la bête lourde et rétive n'est pas une opération dénuée de risques. Pattes entravées, corps et tête fermement maintenus au sol, l'animal reçoit alors sur sa croupe gauche l'empreinte du fer rougi au feu de bois qui attestera de son appartenance. Ereintant pour les hommes, ce traditionnel marquage au fer rouge est souvent remplacé par des incisions à l'oreille ou encore des marques d'oreille en plastique.

Durant la *yerra* les gauchos pratiquent également la castration des jeunes mâles destinés à la boucherie tandis qu'un écornage suivi d'une cautérisation au fer rouge est parfois rendu nécessaire sur certaines bêtes.

The period during which the young animals acquire the brand of the estancia is synonymous of intense activity for the gauchos. The animals are taken from their sometimes very distant pastures and gathered in the corral awaiting treatment. Controlling and then grounding a steer or heifer weighing over 200 kg requires teamwork. One must first immobilize the animal with the lasso before grabbing it with other team mates to unbalance it. Overturning the heavy and reticent beast on the ground is not a risk-free operation. With its legs tied, body and head firmly on the ground, the animal then receives on its left rump the imprint of the branding iron, constantly heated on the wood fire. This traditional branding is gruelling for men and is often replaced by ear incisions or plastic ear marks.

During the *yerra* the gauchos also castrate young males destined for butchery whilst dehorning followed by cauterization with a branding iron is sometimes necessary on certain animals.

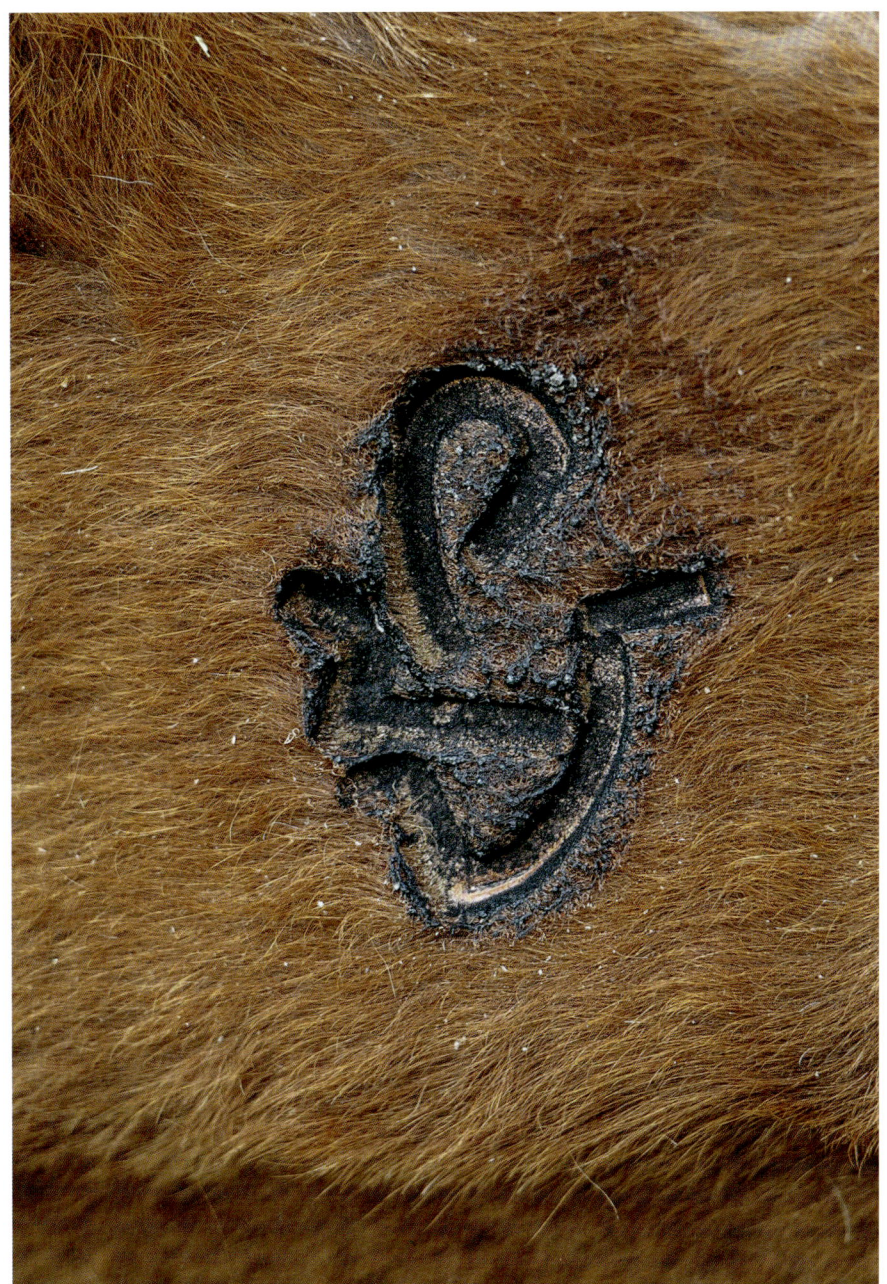

Estancia Santa Clara – Marquage et écornage des bouvillons – Steer branding and dehorning

Estancia Rincón de Fatima

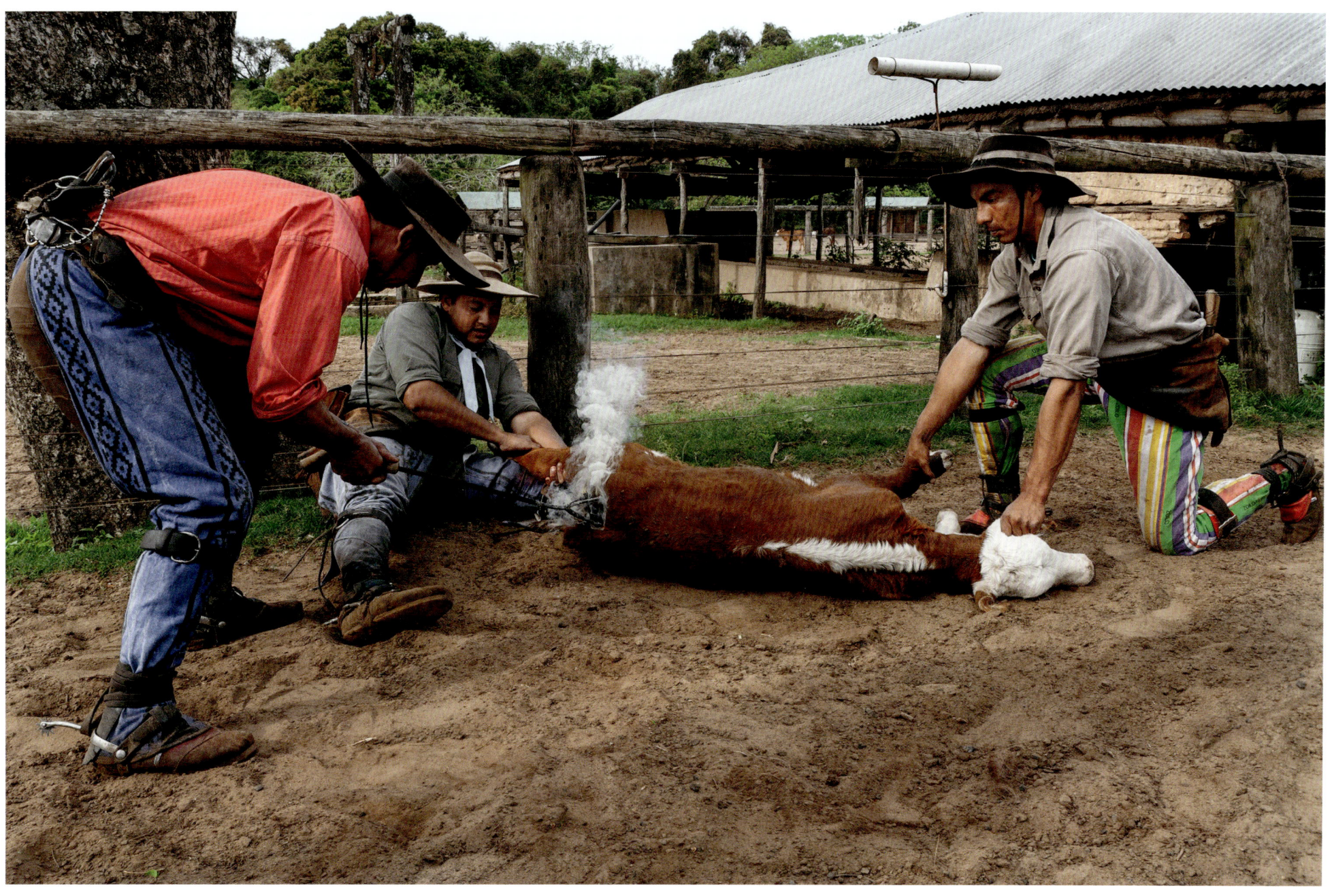

Les gauchos de l'estancia San Alejo procèdent à la castration des jeunes agneaux et à une tonte de toilettage afin d'améliorer la vision des bêtes.

The gauchos of the Estancia San Alejo castrate the young lambs and shear adult ones to improve the animals' vision.

Estancia Santa Maria - *El casco*

Estancia La Josefina - *Lapacho*

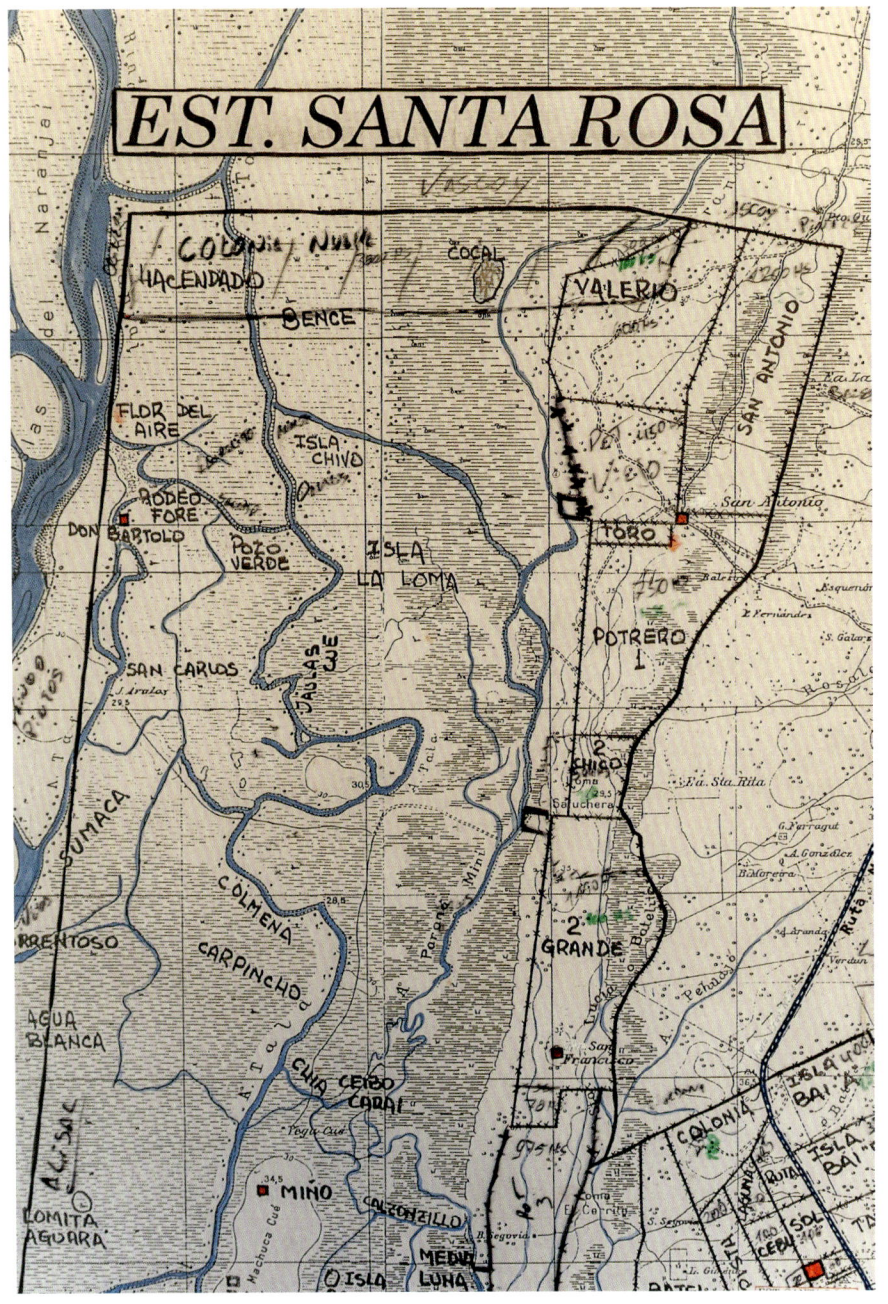

Estancia Rincón de Fatima – *El quincho*

El alojamiento

Autrefois, les gauchos étaient logés à proximité du *casco* du propriétaire de l'estancia. Avec ses frêles parois en pisé, sa toiture couverte de chaume et son sol en terre battue, leur modeste bâtisse offrait un confort des plus sommaires.

De nos jours, ces logements toujours aussi rudimentaires et souvent vétustes ne servent plus que par intermittences. En effet, les gauchos préfèrent désormais vivre en famille au village voisin ou bien dans leur modeste *rancho* extérieur à l'estancia. Certains effectuent ce trajet quotidiennement d'autres, plus éloignés, ne regagnent leur domicile qu'en fin de semaine ou de mois.

Originally, the gauchos were housed on the estancia grounds, close to the owner *casco*. With their fragile adobe walls, thatched roof and dirt floor, their modest living quarters offered no more than a summary comfort.

Nowadays, these rude and often dilapidated dwellings are only occupied intermittently. Indeed, the gauchos now prefer to live with their family in the neighbouring village or in their modest *rancho* outside the estancia. Some make this journey daily, others, living further away, do not return home until the end of the week or the month.

Gauchito Gil & Virgen de Itati

Le *Gauchito Gil* est un héros local, sorte de Robin des Bois du 19ᵉ siècle, faisant l'objet d'un véritable culte auprès des gauchos par-delà les limites mêmes de la région. La ville de Mercedes, située dans la province de Corrientes, possède un grand sanctuaire à la mémoire de ce personnage semi légendaire qui attire de nombreux visiteurs en quête de faveur ou de protection. Les innombrables ex-voto décorant le sanctuaire témoignent de cette ferveur populaire à la couleur rouge sang, emblématique du personnage.

Figure tutélaire de la province, Notre-Dame d'Itati génère également la dévotion des gauchos *correntinos* qui arborent en son honneur un foulard de couleur bleue tout en participant, chaque année, aux traditionnelles célébrations de la sainte personne.

Gauchito Gil is a local hero, a sort of 19th century Robin Hood, who is the object of a true cult amongst gauchos. The town of Mercedes, located in the province of Corrientes, has a large sanctuary in memory of this semi legendary character who attracts nationwide many visitors seeking favour or protection. The countless ex-votos decorating the sanctuary bear witness to this popular fervour in blood red color, emblematic of the character.

Patron saint of the province, *Our Lady of Itati* elicits the devotion as well of the *Correntinos* who wear a blue scarf in her honour and celebrate the holy person every year in numbers.

IBERA « les eaux brillantes »

C'est ainsi que les indiens Guaranis désignaient l'immense étendue marécageuse sise au cœur de leur territoire ancestral, dans l'actuelle région de Corrientes. Après la conquête espagnole, des autochtones devenus *mariscadores* trouvèrent là une piètre subsistance faite de chasse et de pêche, en marge de la société coloniale. Depuis l'interdiction d'y chasser et le classement en Réserve Naturelle Provinciale d'une large partie des *Esteros del Iberá*, en avril 1983, ils ne sont plus que quelques irréductibles à subsister sur des îlots épars ou entretenir leurs modestes cheptels sur les pourtours détrempés. Certains ont mis leur connaissance atavique du milieu aquatique au service de sa protection parmi le personnel de gardes ou de guides, participant ainsi d'un écotourisme durable en pleine évolution. Longue de 250 km et large de 150 km, la zone palustre de l'Iberá occupe une dépression que parcourait le rio Paraná des millénaires auparavant. Au printemps et en automne, de fortes précipitations impactent cette cuvette sédimentaire vaste de 1 300 000 hectares que draine à présent le rio Corrientes. Ce macrosystème hydrographique complexe recouvre en partie l'aquifère Guarani, gigantesque nappe phréatique se prolongeant par-delà les trois pays limitrophes. Déclarée d'importance internationale aux termes de la convention Ramsar, la remarquable zone humide de l'Iberá est la plus grande du continent sud-américain après celle du Pantanal brésilien.

Cet entrelacs de lagunes, de marais et d'étangs peu profonds forme un écosystème de climat subtropical, riche d'une faune et d'une flore d'une extrême diversité. Quelque 85 espèces de mammifères, indigènes et en danger d'extinction pour nombre d'entre elles, cohabitent dans cet habitat à l'accès malaisé. Parmi les animaux les plus emblématiques, citons le cerf des marais et le cerf des pampas. Le premier, excellent nageur, fréquente les *embalsados*, ces discrètes îles flottantes où il trouve gite et nourriture tandis que le second, de taille moindre, préfère les levées de terre ferme. Une rencontre avec le craintif loup à crinière *aguará-guazú*, magnifique canidé indigène au long pelage roux, y est aussi rare que mémorable. Plus fréquentes, en revanche, les opportunités d'observer des singes hurleurs *carayá*, des loutres à longue queue ou encore ces énormes capybaras fourrageant en groupes épars sur les bords d'une pièce d'eau vers laquelle ils se précipitent

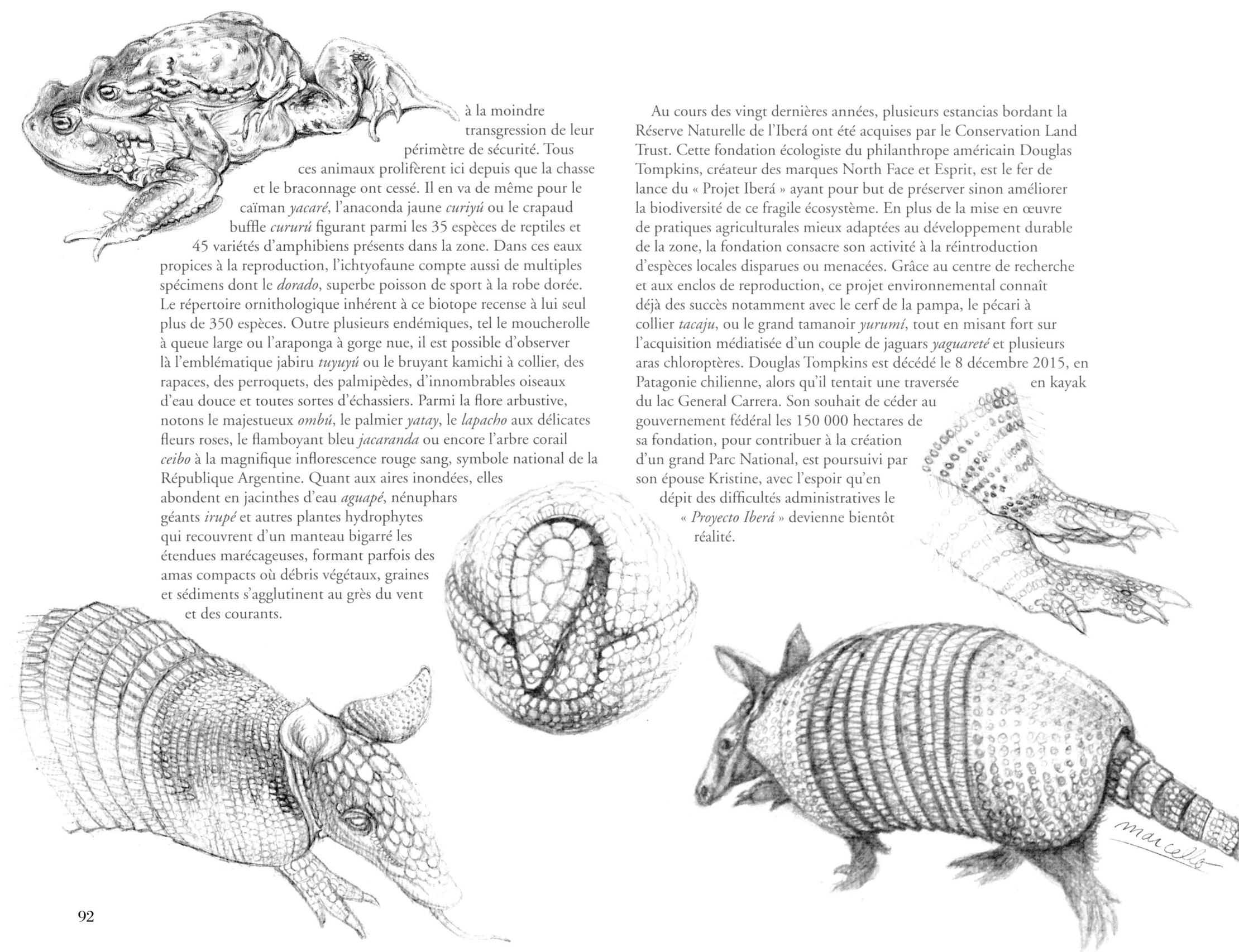

à la moindre transgression de leur périmètre de sécurité. Tous ces animaux prolifèrent ici depuis que la chasse et le braconnage ont cessé. Il en va de même pour le caïman *yacaré*, l'anaconda jaune *curiyú* ou le crapaud buffle *cururú* figurant parmi les 35 espèces de reptiles et 45 variétés d'amphibiens présents dans la zone. Dans ces eaux propices à la reproduction, l'ichtyofaune compte aussi de multiples spécimens dont le *dorado*, superbe poisson de sport à la robe dorée. Le répertoire ornithologique inhérent à ce biotope recense à lui seul plus de 350 espèces. Outre plusieurs endémiques, tel le moucherolle à queue large ou l'araponga à gorge nue, il est possible d'observer là l'emblématique jabiru *tuyuyú* ou le bruyant kamichi à collier, des rapaces, des perroquets, des palmipèdes, d'innombrables oiseaux d'eau douce et toutes sortes d'échassiers. Parmi la flore arbustive, notons le majestueux *ombú*, le palmier *yatay*, le *lapacho* aux délicates fleurs roses, le flamboyant bleu *jacaranda* ou encore l'arbre corail *ceibo* à la magnifique inflorescence rouge sang, symbole national de la République Argentine. Quant aux aires inondées, elles abondent en jacinthes d'eau *aguapé*, nénuphars géants *irupé* et autres plantes hydrophytes qui recouvrent d'un manteau bigarré les étendues marécageuses, formant parfois des amas compacts où débris végétaux, graines et sédiments s'agglutinent au grès du vent et des courants.

Au cours des vingt dernières années, plusieurs estancias bordant la Réserve Naturelle de l'Iberá ont été acquises par le Conservation Land Trust. Cette fondation écologiste du philanthrope américain Douglas Tompkins, créateur des marques North Face et Esprit, est le fer de lance du « Projet Iberá » ayant pour but de préserver sinon améliorer la biodiversité de ce fragile écosystème. En plus de la mise en œuvre de pratiques agriculturales mieux adaptées au développement durable de la zone, la fondation consacre son activité à la réintroduction d'espèces locales disparues ou menacées. Grâce au centre de recherche et aux enclos de reproduction, ce projet environnemental connaît déjà des succès notamment avec le cerf de la pampa, le pécari à collier *tacaju*, ou le grand tamanoir *yurumí*, tout en misant fort sur l'acquisition médiatisée d'un couple de jaguars *yaguareté* et plusieurs aras chloroptères. Douglas Tompkins est décédé le 8 décembre 2015, en Patagonie chilienne, alors qu'il tentait une traversée en kayak du lac General Carrera. Son souhait de céder au gouvernement fédéral les 150 000 hectares de sa fondation, pour contribuer à la création d'un grand Parc National, est poursuivi par son épouse Kristine, avec l'espoir qu'en dépit des difficultés administratives le « *Proyecto Iberá* » devienne bientôt réalité.

Capybara

Caïman *yacaré*

IBERÁ 'The Sparkling Waters'

The Guarani Indians gave this name to the immense marshy expanse located in the heart of their ancestral territory, in the present-day region of Corrientes. Following the Spanish conquest, native people who had become *mariscadores* eked out a meager subsistence there from hunting and fishing, at the edges of the colonial society. Since the prohibition of hunting and the designation of a large part of the *Esteros del Iberá* as a provincial nature reserve in April 1983, there remain only a few diehards living on the scattered islets or grazing their herds on the water-soaked outskirts. Some of them have put their atavistic knowledge of this aquatic environment as park rangers or guides, thus participating in the development of a sustainable ecotourism. 250 km long and 150 km wide, the Iberá marshland lies in a depression that the Rio Paraná flowed thru thousands of years earlier. In Spring and Fall, heavy rains drench this 1,300,000-hectare sediment-filled basin now drained by the Rio Corrientes. This complex hydrographic ecosystem includes part of the Guarani aquifer, an enormous groundwater table that extends across the three bordering countries. Declared of international importance by the terms of the Ramsar Convention, the remarkable Iberá wetland is the largest of its kind on the South American continent right after the Brazilian Pantanal.

This interlacing of shallow lagoons, marshes and ponds forms a subtropical ecosystem rich in fauna and flora of remarkable diversity. Some 85 species of indigenous mammals, many in danger of extinction, live in harmony in this difficult-to-access habitat. Among the best known are the marsh deer and the pampa deer. The former, an excellent swimmer, frequents the *embalsados*, small floating islands, where it finds shelter and food, while the latter, smaller in size, prefers more solid ground. Meeting up with the timid maned wolf *aguará-guazú*, a magnificent endemic canine with long russet hair, is as rare as it is memorable. More frequent, on the other hand, are opportunities to observe howler monkeys *carayá*, long-tailed otters, or enormous capybaras foraging in small groups at the edge of a body of water, which they rush into at the smallest sign of an intrusion into their safety perimeter. All these animals have proliferated here since hunting and poaching ceased. The same is true of the *yacaré* caiman, the *curiyú* anaconda or the *cururú* cane toad, three of the 35 species of reptiles and 45 varieties of amphibians that thrive in this area. In these waters, so favorable for reproduction, one also finds multiple specimens of the *dorado*, a beautiful golden sport fish. The list of birds of this ecosystem includes more than 350 species. Besides several native ones, like the black-tailed flycatcher or the bell-throated bellbird, it is also possible to observe the emblematic jabiru *tuyuyú* or the noisy Southern screamer, raptors, parrots, web-footed birds, countless fresh-water birds, and all kinds of wading birds. Among the shrubs and trees, one finds the majestic *ombú*, the *yatay* palm tree, the *lapacho* with its delicate pink blooms, the flamboyant *jacaranda*, and even the coral-colored *ceibo* with its magnificent blood-red flower, the national flower of Argentine. As for the flooded areas, they abound in *aguapé* water hyacinths, giant *irupé* water lilies, and other water plants that cover the marshy expanses with a multicolored blanket, sometimes accumulating in compact masses on which plant debris, seeds, and sediments become stuck together at the whim of the wind and the currents.

Over the past twenty years, many *estancias* bordering the Iberá Provincial Reserve have been acquired by the Conservation Land Trust. This ecological foundation set up by the American philanthropist Douglas Tompkins, creator of the North Face and Esprit brands, is spearheading 'Project Iberá', whose purpose is to preserve and

even improve the biodiversity of this fragile ecosystem. In addition to the implementation of agricultural practices better adapted to the sustainable development of the area, the foundation devotes its activity to the reintroduction of endemic species that have disappeared or are endangered. Thanks to its research facility and to the reproduction enclosures, this environmental project has already been successful, most notably with the pampas deer, the collared peccary *tacaju*, and the giant anteater *yurumí*, as it hopes for media coverage of the acquisition of a pair of jaguars *yaguareté* and several green-winged macaws. Douglas Tompkins died on December 8, 2015, in Chilean Patagonia, while trying to cross General Carrera Lake in a kayak. His desire to turn over his foundation's 150,000 hectares to the federal government, as his contribution to the creation of a large national park, continues to be pursued by his wife, Kristine, in the hope that, despite administrative red tape, the '*Proyecto Iberá*' will soon become a reality.

Le brûlis pratiqué dans les *paronal*, prairies aux grandes herbes ligneuses, obscurcit les dernières lueurs du soleil mais la forte humidité nocturne permettra de contenir la progression des feux.

The burning practiced in the *paronal*, meadows with large ligneous grasses, darkens the last rays of the sun but the strong nocturnal humidity will make it possible to contain the progression of the fires.

Carnear de campo, écorcher et dépecer une carcasse d'animal sur place constitue une pratique ancestrale des gauchos.

Carnear de campo, skinning and butchering an animal's carcass on the spot is an ancestral practice of the gauchos.

La comida

L'épouse du contremaître vivant à demeure à l'estancia exerce parfois la tâche de cuisinière mais c'est le plus souvent aux gauchos eux-mêmes qu'il revient de préparer leurs repas. Dans le décor fruste de la salle commune, les plats roboratifs sont cuisinés au feu de bois et servis dans une ambiance empreinte de simplicité et bonne humeur.

Le *guiso*, ragoût de viande avec pâtes ou pommes de terre ou encore le *locro*, à base de bœuf et de maïs, sont longuement mijotés dans des chaudrons en fonte. La *torta asada*, galette de pain rôtie sur la braise, accompagne traditionnellement chaque repas tandis que les *chipá m'boca*, délicieuses crêpes de manioc, agrémentent à l'occasion l'ordinaire frugal des gauchos.

The foreman's wife living permanently in the estancia carries out the cook tasks sometimes, but it is most often the gauchos themselves who are responsible for preparing their meals. In the rustic decor of the common room, the roborative dishes are cooked over a wood fire and served in an atmosphere of simplicity and good humour.

The *guiso*, a meat stew with pasta or potatoes, or the *locro*, made from beef and corn, are simmered for a long time in cast iron pots. The *torta asada*, a flat bread roasted on embers, traditionally accompanies every meal, while the *chipá m'boca*, delicious cassava pancakes, occasionally garnish the gauchos' frugal ordinary.

Estancia Santa Quila

El asado

Fiers de leur séculaire tradition d'élevage, les Argentins en général et les gauchos en particulier, sont de grands consommateurs de viande de bœuf ou d'agneau. Les bas morceaux sont plutôt réservés à diverses préparations mijotées tandis que le savoureux *asado a la estaca* nécessite une préparation minutieuse pour assurer une parfaite tenue au feu du quartier de viande solidement fiché sur une armature d'acier ou de bois. Une cuisson d'environ trois heures, face à de bonnes braises de bois dur, est indispensable pour amener la viande ainsi lentement rôtie au meilleur de sa dégustation.

Proud of their ancient breeding tradition, Argentines in general and gauchos particularly, are big consumers of beef or lamb. The low pieces are mainly kept for various simmered preparations while the tasty *asado a la estaca* requires a meticulous preparation to guarantee a perfectly dressed piece of meat, solidly attached to a steel or wood frame. A three-hour roasting, facing good hard wood embers, is essential to bring the meat slowly to the best of its tasting.

Trancher une bouchée de viande à même les lèvres avec le polyvalent *facón* à longue lame, est la méthode préférée des gauchos pour déguster leur *asado al campo*.

Slicing a chunk of meat right from the lips with the versatile long-bladed *facón* knife, is the favourite method for gauchos to enjoy their *asado al campo*.

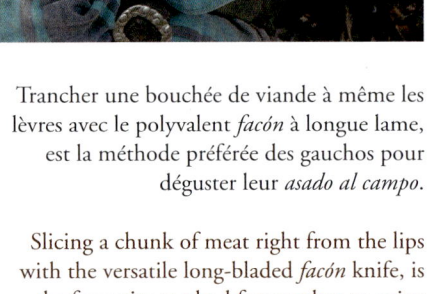

El mate

Comme tout Argentin, le gaucho est grand amateur de *mate*, cette boisson à la délicate amertume et riche en caféine, qui remplace le café ou le thé dans cette partie d'Amérique latine. Le rituel de sa préparation et de sa consommation rythme la vie du gaucho depuis son réveil jusqu'à la veillée. Les feuilles séchées de *yerba mate (Ilex paraguariensis)* sont versées dans une petite calebasse appelée *mate* puis arrosées d'eau portée à faible ébullition. Après une brève infusion, le liquide est aspiré à l'aide de la *bombilla*, sorte de paille métallique munie d'un petit embout perforé servant de passoire. Deux ou trois gorgées discrètes suffisent à vider la calebasse que l'on remplit à plusieurs reprises avant d'en renouveler la *yerba*. La consommation du *mate* peut être individuelle mais elle prend toute sa convivialité quand elle est partagée et que la même calebasse passe alors de main en main parmi les amis. Durant les chaleurs estivales, on a parfois recours au rafraîchissant *tereré* qui est du *mate* préparé avec de l'eau glacée et citronnée.

El mate

Like any Argentine, the gaucho is a great lover of *mate*, the delicate bitter drink rich in caffeine which replaces coffee or tea in this part of Latin America. The ritual of its preparation and consumption rhythm the life of the gaucho from morning till evening. The dried leaves of *yerba mate (Ilex paraguariensis)* are poured into a small calabash called *mate* then sprinkled with low boiling water. After a brief infusion, the liquid is then sucked up using the *bombilla*, a kind of metal straw with a small perforated tip serving as a strainer. Two or three discreet sips are enough to empty the calabash which is filled several times before renewing the *yerba*. The consumption of the *mate* can be enjoyed alone but it takes all its conviviality when shared and the same calabash then passes from hand to hand amongst friends. During the hot summer weather, one sometimes resorts to the refreshing *tereré* which is *mate* prepared with ice and lemon water.

Estancia San Juan Poriahú

Estancia Las Ortigas

El apero

Le harnachement du cheval fait l'objet d'une attention constante de la part du gaucho car il s'agit là de son outil de travail quotidien. Harnacher sa monture marque le début d'une longue journée de labeur. De retour à l'estancia, selle et pièces d'équipement doivent être rangées, graissées voire réparées si nécessaire. L'autonomie est le maître-mot car tout gaucho doit être capable de remplacer la pièce défaillante qu'il s'agisse de l'enrênement, du filet ou d'une paire d'étrivières à tailler dans une peau de génisse tannée par ses soins.

The horse's harness is the object of constant attention by the gaucho because it is his everyday work tool. Harnessing his horse is the start of a long day's work. On returning to the estancia, saddle and equipment must be stored, greased or repaired if necessary. Autonomy is the key word as any gaucho must be able to replace the defective part, whether it is the reins, the harness or a pair of stirrup straps to cut from a heifer skin that he has tanned himself.

Las calchas

La traditionnelle selle en cuir *correntina*, qu'elle soit d'une seule pièce *(montura)* ou bien articulée *(basto)*, comprend plusieurs éléments empilés sous et sur la selle elle-même. Cet ensemble, appelé *calchas* ou *recado*, assure le confort du cavalier et de sa monture durant les longues journées de travail à l'estancia. La *sudadera* est le premier tapis de selle venant se placer sur le dos du cheval. Comme son nom le laisse entrevoir, cette pièce d'équipement en cuir fin ou en toile imperméabilisée constitue une barrière à la sueur du cheval. Le *mandil*, couvrant la *sudadera*, forme une assise généralement en feutre. Viennent ensuite la *matra*, épaisse et confortable couche en mousse synthétique, puis une dernière strate en cuir souple appelée *carona*. Ainsi protégé, le dos peut recevoir la selle que recouvrent une peau de mouton, le *cojinillo*, auquel se superpose parfois un fin *sobrepuesto* en cuir de vache ou de capybara ; le tout fermement sanglé en place par le *pegual*.

The traditional *Correntina* leather saddle, whether one-piece *(montura)* or articulated *(basto)*, includes several elements stacked under and above the saddle itself. These different elements, called *calchas* or *recado*, ensures the comfort of the rider and his mount during long working days in the estancia. The *sudadera* is the first saddle cloth to be placed on the horse's back. As its name suggests, this piece of equipment made of fine leather or waterproof canvas is a barrier to the horse's sweat. The *mandil*, covering the *sudadera*, forms a seat and is generally made of felt. Then come the *matra*, thick and comfortable layer of synthetic foam, then a last layer of soft leather called *carona*. Thus protected, the back can receive the saddle which is covered by a sheepskin, the *cojinillo*, then the fine *sobrepuesto* in cowhide or capybara leather; all firmly strapped in place by the *pegual*.

El basto

El lazo

Les gauchos mettent un point d'honneur à fabriquer leur propre lasso. Lorsque les travaux de l'estancia leur en laissent l'opportunité, ils découpent avec soin de longues et minces lanières dans une pièce de cuir brut. Celles-ci sont ensuite assouplies à l'aide de suif puis assemblées et fermement tressées afin d'obtenir un lasso d'environ dix mètres de long. Lové puis fixé à la boucle de sous-ventrière, le lasso demeure ainsi à portée de main pour envoyer le nœud coulant saisir l'encolure d'un jeune veau ou les cornes d'un bœuf voire entraver les jambes d'une pouliche ou encore servir de fouet pour mener le troupeau.

Gauchos take pride in making their own lasso. When the work of the estancia gives them the opportunity, they skilfully cut long, thin strips from a piece of raw leather. These strips are kept supple with tallow then placed end to end and tightly plaited to obtain a lasso about ten meters long. Coiled and secured to the cinch buckle, the lasso thus remains within reach to throw the noose round the neck of a young calf or over the horns of a bullock; even to entangle the front legs of a filly or to whirl it as a lash while driving the herd.

Les gauchos disposent de plusieurs chevaux *criollos* afin d'en changer régulièrement. Panser, parer et curer les sabots, brocher un fer ou bien tailler la crinière et la queue de leurs montures sont des tâches récurrentes.

The gauchos have a herd of *criollo* horses at disposal to change mount as needed. Grooming, trimming and picking the hooves, nailing a shoe or shortening the mane and tail are recurrent chores.

Génisses de race Brahma - Brahma heifers

Taureau de race Braford - Braford bull

La paleteada

La *paleteada*, méthode ancestrale à laquelle les gauchos ont parfois recours pour maîtriser un bétail récalcitrant, a engendré une discipline sportive éminemment technique fort prisée des Argentins. Brouillant les lignes entre travail et divertissement, cette épreuve spectaculaire est exécutée par un duo de cavaliers tenus de mener un bouvillon coincé entre leurs montures au bout d'une piste mesurant soixante mètres de long sur six mètres de large. Au sortir du corral, les cavaliers doivent prestement enserrer le *novillo* entre les flancs des chevaux pour ne plus le lâcher jusqu'à la ligne d'arrivée. Cela sans jamais empiéter sur les limites tracées au sol et dans un temps inférieur à 2 minutes.

Les juges apprécient la coordination du travail des cavaliers et leurs montures tout au long des quatre secteurs successifs du parcours auxquels sont attribuées des notes de 5, 4, 3 et 3 points. Les cavaliers effectuent ainsi douze tentatives, en alternant chaque fois de côté. Des résultats significatifs obtenus au cours de diverses compétitions provinciales leur permettent ensuite de concourir pour un titre national.

The *paleteada*, an ancestral method that gauchos sometimes use to restrain stubborn cattle, has generated a highly technical sporting discipline well appreciated by Argentines. Blurring the lines between work and play, this spectacular event is performed by a pair of riders who must lead a steer, wedged between their mounts, to the end of a track measuring sixty meters long by six meters wide. At the exit of the corral, the riders must quickly clamp the *novillo* between the flanks of the horses as to never release it until the finish line, without ever crossing the limits drawn on the ground.

The judges appreciate the coordination of the riders' work and their mounts throughout the four successive sectors of the course to which are given marks of 5, 4, 3 and 3 points. The riders carry out twelve attempts, alternating each time of side. The results obtained during various provincial competitions then allow them to compete for a national title.

Jose Alderete et Sebastian Algorta, tous deux champions argentins de *paleteada*, à l'entrainement dans l'estancia Santa Rosa.
Jose Alderete and Sebastian Algorta, both Argentinian champions of *paleteada*, training in their estancia Santa Rosa.

La jineteada

Les compétitions de rodéo sont très populaires dans les pays d'Amérique latine, Argentine en particulier. C'est l'occasion pour les gauchos et estancieros de parader dans leur meilleure tenue et d'arborer fièrement de magnifiques ceinturons parés d'argent où vient se glisser le traditionnel *facón*. Durant ces *jineteadas*, la dextérité des gauchos est mise à rude épreuve afin de se maintenir sur un cheval non débourré et assurer le spectacle aux *aficionados*. Au signal de la cloche, les *palenqueros* libèrent le cheval de son attache ainsi que du bandeau qui lui masquait la vue. Le cavalier doit alors tenir en place durant huit secondes, si monte à cru et un simple licol sur l'encolure *(crina limpia)*, ou bien douze voire quinze secondes avec selle et étriers *(basto con encimera)*. A la fin du temps réglementaire, deux cavaliers *apadrinadores* l'encadrent au galop afin de le soulever hors de sa monture toujours ruant des quatre fers. Les juges notent le respect du temps imposé mais surtout la qualité des acrobaties réalisées par le couple homme-cheval. Si les chutes sont fréquentes, elles restent heureusement le plus souvent sans conséquences graves pour le cavalier.

Rodeo competitions are very popular in Latin American countries, Argentina in particular. It is the occasion for the gauchos and the *estancieros* to parade in their best outfits and to proudly wear magnificent belts adorned with silver where the traditional *facón* fits. During these *jineteadas*, the dexterity of the gauchos is put to the test when having to stay on an unbroken horse and provide the show for the *aficionados*. At the signal of the bell, the *palenqueros* free the horse from its tether and the headband which was blinding him. The rider must then remain on the horse for eight seconds, if bareback riding with a simple halter on the neck *(crina limpia)*, or twelve to fifteen seconds with saddle and stirrups *(basto con encimera)*. At the end of the given time, two *apadrinadores* horsemen frame him at a gallop to lift him off his mount still bucking on all fours. The judges note the observance of the imposed time but especially the quality of the acrobatics performed by the man-horse combination. If the falls are frequent, they remain fortunately most of the time without serious consequences for the rider.

Les *chamameseros* exercent leurs talents musicaux durant les *jineteadas*.

The *Chamameseros* perform their musical talents during the *jineteadas*.

«*El silencio es la flor*
Que aprendí a cultivar
Un buen remedio para el dolor
Es mejor que llorar»
Melingo

« Le silence est la fleur
Que j'ai appris à cultiver
Un bon remède pour la douleur
C'est mieux que de pleurer »

"Silence is the flower
I have learnt to grow
A good remedy for pain
Better even than crying"

Les souples *botas de potro*, taillées dans le cuir d'une jambe de poulain, sont assurées par une jarretière nouée au-dessus du mollet.

The supple *botas de potro* are made from the hide of a foal's leg and are ensured by a knotted garter above the calf.

GAUCHO	FRANCAIS	ENGLISH
hacienda	cheptel de l'estancia	estancia livestock
manada	cheptel de chevaux	horse livestock
tropilla	troupeau de chevaux	horse herd
vacuno	cheptel de bovins	bovine livestock
tropa	troupeau de vaches	bovine herd
majada	cheptel d'ovins	sheep livestock
rebaño	troupeau de moutons	sheep flock
caballo	cheval	horse
padrillo	étalon	stallion
yegua	jument	mare
yegua madrina	jument dominante	bell mare
yegua de cria	poulinière	brood mare
potrada	cheptel de poulains	colt livestock
potrillo	foal (jusqu'à 1 an)	foal (till 1 year old)
potro	poulain (1 à 3 ans)	colt (1 to 3 years old)
potranca	pouliche (1 à 3 ans)	filly (1 to 3 years old)
bagual	cheval sauvage	mustang
cimarron	cheval féral	feral horse
redomón	cheval débourré	half-broken horse
montado - manso	cheval dressé	fully-trained horse
pingo	cheval « favori »	«favorite» horse
caballo bellaco	cheval rétif	wayward horse
caballo fletero	cheval de somme	pack horse
pelo	poil - robe	coat of the horse
caballo tordillo	cheval blanc	white-colored horse
caballo bayo	cheval beige	beige-colored horse
caballo zaino	cheval bai	brown-colored horse
caballo lobuno	cheval gris	grey-colored horse
amansamiento - doma	débourrage	breaking-in
adiestramiento	dressage	horse training
jineteada	rodéo	rodeo show
monta en pelo – crina limpia	monte à cru	bareback riding
cara - cabeza	tête	head
frente	chanfrein	chanfrin
nariz	naseaux	nostril
cuello - pescuezo	encolure	neck
cruz	garrot	withers
lomo	dos	back
barriga	ventre	belly
pecho	poitrail	chest
grupa	croupe	croup-rump
manos	jambes avant	front legs
patas	jambes arrière	hind legs
corvejón	jarret	hock
caña	canon	cannon bone
menudillo	boulet	fetlock
cuartilla	paturon	pastern
vaso	sabot de cheval	horsehoof
herradura	fer à cheval	horseshoe
cola	queue	tail
crines	crinière	mane
cerda	crin	horsehair
flequillo	toupet de crinière	mane's forelock
maneas	entraves	hobbles
calchas - recado	composants de la selle	saddlery
sudadera	tapis de selle inférieur	lower saddle-cloth
mandil	deuxième tapis de selle	second saddle cloth
matra	tapis de selle en mousse	cushioned saddle pad
carona	tapis de selle en cuir	leather saddle pad
silla	selle	saddle
basto	selle avec arçon articulé	two-piece-saddle
montura	selle simple	one-piece saddle
cojinillo	couvre-selle en laine	sheepskin saddle cover
sobrepuesto - encimera	couvre selle en cuir	leather saddle cover
pegual	sangle de couvre-selle	saddle cover strap
cincha	sangle sous-ventrière	girth
correon	fixation de sangle	girth tightening strap
estribera	étrivière	stirrup strap
estribo	étrier	stirrup
espuela	éperon	spur
apero	harnachement	harnessing
bozal	muselière	muzzle
cabezada	filet	harness
freno	mors	bit
muserola	muserolle	noseband
riendas	rênes	reins
pechera	bricole	chest harness
cabresto	licol	halter
soga	longe	tether
lazo	lasso	lasso
rebenque	cravache	horse whip
látigo – arriador	fouet	lash
toro	taureau	bull
vaca	vache	cow
buey	bœuf	bullock
terneraje	cheptel de veaux	calf livestock
ternero/a	veau (jusqu'à 1 an)	calf (till 1 year old)
novillo	bouvillon castré (2 ans)	steer (2 years old)
torillo - torito	taurillon	young bull
vaquilla - vaquillona	génisse (2 à 3 ans)	heifer (2 to 3 years old)
guampas	cornes	horns
pezuña	sabot de bovin	bovine hoof
celo	chaleurs	estrus
preña	gestation	gestation
parición - parto	vêlage	calving
destete	sevrage	weaning
cria	élevage	breeding
engorde	engraissement	fattening
carnero	bélier	ram
oveja	brebis	ewe - sheep
cordero	agneau de lait	sucking lamb
borrego (a)	agneau - agnelle	lamb
capón	mouton de boucherie	lamb ready to butcher
estancia	grande ferme d'élevage	large ranch

casco	bâtiment principal	main building	esquilar - esquila	tondre - tonte	to shear - shearing
quincho	bâtiment de restauration	eating quarters	descolar	sectionner la queue	to cut the tail
galpon	hangar à matériel	large barn	descornar	sectionner les cornes	to cut the horns
caballeriza	écurie	stable	vacunar	vacciner	to vaccinate
talabarteria	sellerie	tack room	carnear de campo - faenar	dépecer une bête sur place	to slaughter on the field
puesto	petite ferme de l'estancia	outpost of the estancia	estaquiar el cuero	sécher la peau	to dry the hide
rancho	maison de gaucho	gaucho house	lonjear tientos	découper des lanières	to cut rawhide thongs
corral -recinto	enclos de plein air	corral	vadear	traverser à gué	to ford
picadero	arène d'entrainement	horse training ring	cruzar a nado	traverser à la nage	to swim across
estanciero - patrón	propriétaire	estancia owner	arrear la tropa –arreo	conduire le bétail	to lead the cattle herd
encargado	régisseur	estancia manager	apartar- aparte	séparer le bétail	to sort the herd
capataz	contremaitre	foreman	juntar	rassembler le bétail	to circle the herd
gaucho - resero	meneur de troupeau	cattle drover	encerrar - encierro	mettre au corral	to confine in the corral
cunumí	jeune gaucho	cow-hand rookie	arreos - collocar arreos	harnachement - harnacher	harness – to harness
peon	employé de ferme	farm hand	sombrero de paño	sombrero en feutre	felt sombrero
pordía	journalier	day worker	sombrero de paja	sombrero en paille	straw sombrero
pialador	lanceur de lasso	lasso thrower	boina	béret basque	basque beret
cuatrero	voleur de bétail	cattle rustler	barbijó	jugulaire	chinstrap
alambrado	clôture en fil de fer	fence	pañuelo	bandana	neckerchief
tranquera	barrière de clôture	fence gate	pilchas	vêtements traditionnels	traditional clothing
manga	couloir de traitement	corral chute	lujos	accessoires traditionnels	gauchos luxuries
cepo	carcan immobilisateur	cattle stranglehold	dominguera	vêtements de fête	sunday clothes
compuerta	porte de manga	chute gate	botas	bottes	boots
bebedero	abreuvoir	watering device	alpargatas	espadrilles	espadrilles
pasto- pastizal	pacage	pasture	polaina	jambières en toile rayée	coton leggings
potrero	pacage cloturé	fenced pasture	guardamontes	cuissardes en cuir	leather chaps
pampa	grande plaine herbeuse	vast grassy plain	faja	large ceinture tissée	waistband
pradera	prairie	grassland	cinto	ceinturon en cuir	leather belt
pajonal	prairie à herbes ligneuses	tussock prairie	hebilla	boucle de ceinturon	belt buckle
malezal	prairie argileuse	prairie with clay subsoil	rastra	décoration de ceinturon	belt ornament
bañado	prairie inondée	flooded grassland	facón	coutelas traditionnel	long-bladed cutlass
estero - pantano	marais	marshland	verijeró	couteau à castrer	castration knife
embalsado	Ile flottante des marais	flotting island	chaira	fusil à aiguiser	sharpening steel
isleta	îlot	islet	tirador	tablier en cuir	leather apron
monte - isla	secteur boisé	wooden range	churrasquear	se restaurer	to feed oneself
loma	tertre	dry land	asado	barbecue	barbecue
palmar	palmeraie	palm grove	asado a la estaca	barbecue traditionnel	outdoor barbecue
ripio	route non asphaltée	unpaved track	charqui	viande séchée	jerked meat
barro	gadoue	mud	guiso	ragoût de viande	meat stew
quema	brûlis	slash and burn	locro	ragoût au mais	corn stew
destrezas camperas - faenas	travaux champêtres	field works	m'baïpi	polenta de manioc	cassava polenta
yerra	marquage du bétail	cattle marking	chipá	gougères de manioc	cassava gougeres
marcar	marquer au fer	iron branding	chipá m'boca	crêpe de manioc	cassava crepe
señalar	marquer à l'oreille	ear marking	torta asada - frita	galette de pain rôtie - frite	roasted or fried flat bread
orejano	bête non marquée	non-branded animal	mate	thé guarani	guarani tea
ensillar	seller le cheval	to saddle a horse	matera	local pour boire le maté	place to enjoy mate
enlazar	prendre au lasso par le cou	to rope round the neck	pava	théière à maté	mate kettle
pialar	prendre les pattes au lasso	to rope round the front legs	bombilla	paille à boire en métal	drinking straw for mate
desvasar	parer les sabots	to trim the hooves	tereré	maté glacé et sucré	frozen and sweet mate
tusar	tailler la crinière et la queue	to shorten mane or tail	chamamé	musique régionale	Corrientes music
herrar - herrage	ferrer - ferrage	to shoe - shoeing	chamamesero	musicien de chamamé	chamamé player
capar - capadura	castrer - castration	to castrate - castration	payador	conteur traditionnel	traditional story-teller

Pour aller plus loin en compagnie des gauchos….
To ride further with the gauchos….

Français

Gauchos - Maximilien Bruggmann et Alex Decotte. La Bibliothèque des Arts - 1978
Gauchos de Patagonie - Philippe Bourseiller. Editions de la Martinière - 2003
Patagonie : Les derniers gauchos - Nick Reding. Albin Michel - 2005

English

The Gaucho - Madaline Wallis Nichols. Duke University Press - 1942.
Reprint Gordian Press - 1968
Gauchos and the Vanishing Frontier - Richard W. Slatta
University of Nebraska Press - 1983
Cowboys of the Americas - Richard W. Slatta. Yale University Press -1990
The Last Cowboys at the End of the World - Nick Reding. Crown Publishers - 2001

Español

Gauchos - Aldo Sessa - Juan José Güiraldes. Könemann - 2001
El gaucho Argentino - Andres Carretero. Sudamerica - 2002
Tierra de Gauchos - Celine Frers. My Special Book - 2012

A mes petits-enfants

« Pour tous ceux, pour toutes celles que tente le dehors, pour la tribu des voyageurs-voyants… »
Kenneth White

REMERCIEMENTS

Ma profonde gratitude est acquise à mes relations argentines sans lesquelles cet ouvrage n'aurait pu exister et plus particulièrement :

- Juan Marcelo Senestrari, Guillermo Santajuliana et Mario Battiston pour leur généreuse hospitalité et leur inestimable soutien logistique durant mes séjours dans la province de Corrientes.

- Kiko Pando, Santiago Caprioglio, Alfredo Pittalunga, Pablo Balestra, Lida Gugliemi, Elena Bonatti, Belly Guevara, Guillermo Vasquez, Agustin Aguerre, Jaime et Jorge Bunge, Antonio Zalmachi, Francisco et Oswaldo Benitez qui m'ont ouvert les barrières de leurs estancias.

- Francisco Aguirre, Blanco Rodriguez, Antonio Varon, Camillo Ramirez, Sergio Villalva, Juan Morando, Juan Esteban Vigliecca, Sebastian Algorta, Rodrigo Perotti, Carlos Machuca, Juan Carlos Acosta, Jamon Antonio Fernandez, Daniel Saucero, Cristian Maciel ainsi que tous les gauchos correntinos qui ont collaboré à ce projet photographique et m'ont laissé chevaucher à leurs côtés.

Un immense remerciement à mes amis Marcello Pettineo et Hélène Prévéraud pour leur superbe contribution artistique à cet ouvrage, sans oublier Dominique Blair pour son travail de traduction.

Toute ma reconnaissance aussi à Laurianne Barban, des éditions Silvana, pour son précieux et amical soutien éditorial.

For my grand children

"For all minds tempted by the Outside, ready to turn nomad…"
Kenneth White

AKNOWLEDGEMENTS

My deepest gratitude is due to my Argentine relations without which this work could not have existed and more particularly:

- Juan Marcelo Senestrari, Guillermo Santajuliana and Mario Battiston for their generous hospitality and invaluable logistical support during my stays in the province of Corrientes.

- Kiko Pando, Santiago Caprioglio, Alfredo Pittalunga, Pablo Balestra, Lida Gugliemi, Elena Bonatti, Belly Guevara, Guillermo Vasquez, Agustin Aguerre, Jaime and Jorge Bunge, Antonio Zalmachi, Francisco and Oswaldo Benitez who opened for me the gates of their estancias.

- Francisco Aguirre, Blanco Rodriguez, Antonio Varon, Camillo Ramirez, Sergio Villalva, Juan Morando, Juan Esteban Vigliecca, Sebastian Algorta, Rodrigo Perotti, Carlos Machuca, Juan Carlos Acosta, Jamon Antonio Fernandez, Daniel Saucero, Cristian Maciel and all the Correntino gauchos who collaborated on this photographic project and let me ride with them.

Immense thanks to my friends Marcello Pettineo and Hélène Prévéraud for their superb graphic works and invaluable contribution in this book, without forgetting Dominique Blair for his translation work.

All my gratefulness to Laurianne Barban, from Silvana editions, for her precious and friendly editorial support.

Silvana Editoriale

Direction éditoriale / Direction
Dario Cimorelli

Directeur artistique / Art Director
Giacomo Merli

Rédaction / Copy Editors
Clelia Palmese

Organisation / Production Coordinator
Antonio MIcelli

Secrétaire de rédaction / Editorial Assistant
Ondina Granato

Iconographie / Photo Editor
Alessandra Olivari, Silvia Sala

Bureau de presse / Press Office
Lidia Masolini, press@silvanaeditoriale.it

Droits de reproduction et de traduction
réservés pour tous les pays
All reproduction and translation rights
reserved for all countries
© 2018 Silvana Editoriale S.p.A.,
Cinisello Balsamo, Milano

Dépôt légal : novembre 2018

Aux termes de la loi sur le droit d'auteur
et du code civil, la reproduction, totale
ou partielle, de cet ouvrage sous quelque
forme que ce soit, originale ou dérivée,
et avec quelque procédé d'impression que
ce soit (électronique, numérique, mécanique
au moyen de photocopies, de microfilms,
de films ou autres), est interdite, sauf
autorisation écrite de l'éditeur.

Under copyright and civil law this volume
cannot be reproduced, wholly or in part,
in any form, original or derived, or by any means:
print, electronic, digital, mechanical, including
photocopy, microfilm, film or any other medium,
without permission in writing from the publisher.

Silvana Editoriale S.p.A.
via dei Lavoratori, 78
20092 Cinisello Balsamo, Milano
tél. + 39 02 45 39 51 01 - fax + 39 02 45 39 51 51
www.silvanaeditoriale.it

Les reproductions, l'impression
et la reliure ont été réalisées en Italie
Reproduction, binding and printing realised in Italy

Achevé d'imprimer en novembre 2018
Printed November 2018

*Agradezco la colaboración a las personas fotografiadas en este libro
y a todas aquellas que hicieron posible la realización de esta obra. G.L.*

www.planetflyfishing.com